हमारी आशिक़ी

HAMARI ASHIQIE

गुलमोहम्मद शाह

Made with ♥ on the Notion Press Platform
www.notionpress.com

क्रम-सूची

क्रम-सूची

क्रम-सूची

1. हमारी आशिक़ी

हमे आपने यू निलाम कर दिया है।

की सारे शहर में बदनाम कर दिया है।

हम करते थे बातें, सभी से मुस्कुराके

दर्द ऐसा दिया,की अब गुमनाम कर दिया है।

जो बाते छिपा रखे थे,इस दिल के अंदर

आज आप ने उसे मायूस,सरेआम कर दिया है।

था अच्छा बहाना हमे छोड़ देने का,

उनकी सोच को बिरादरी ने आसान कर दिया है।

अब वो भी कहती है की,हमारी ज़ात अलग है

खुद को हिंदू और हमे मुसलमान कह दिया है।

जिस इश्क पे गुरूर था,हमे अपनी जिंदगी में

इस बात को कहकर,उसे भी नाकाम कर दिया है।

ऐसी है कहानी हमारे इश्क की यारो,

उसे पाने की सूद ने,अब पत्थरों को भी भगवान कर दिया
है।

जो पड़ता नहीं इस मोहब्बत के फेरे में,

समझो उसपर ऊपर वाले ने, एहसान कर दिया है।

था किसा यही ' हमारी आशिक़ी ' का शारिक,

जिसको सबकुछ बनाया,उसी ने हमें बर्बाद कर दिया है।

2. उसका नाम

एक महबूब मुझे भी मिला था।
उससे ना कोई शिकवा ना कोई गिला था।
उसके नाम के कई माने थे,
एक अर्थ से वो हिरा तो,दूजे का मतलब रंग नीला था।
अब दूर है मुझसे ना है संग।
उसके नाम का वह नीला रंग।
अब ना लूंगा अपनी जुबान से,
तेरा नाम बड़ा कर रहा है तंग।
अब जहां का सारा नीला रंग,मेरे लिए तो फीका है।
बिन बोले कुछ तू छोड़ गई,ये कैसा तेरा तरीका है।
हर चीज की तहजीब है तुझको,
पर प्यार करने का,तुझे नहीं सलीका है।
अब चेहरा उसका ज़ख्म पर नमक है।
पहले सोने का कनक था,अब धतूरे वाला कनक है।
पर चाह के भी उस सूरत को मैं भूल नहीं पाता,
उसके नाम में हीरा छिपा हुआ है,
और चेहरे पर भी तो हीरे जैसी चमक है।
वो इश्क का फूल मुरझा गया,
जो कभी एक बाग में खिला था।
एक महबूब मुझे भी मिला था।
जिसके नाम के कई माने थे,
एक अर्थ से वो हिरा तो,दूजे का मतलब रंग नीला था।

3. उसका घर

मेरे घर से थोड़ी दूर,उसका घर है,
उसके घर के चारों तरफ बाग है।
मैं भूलते भूलते उसको याद कर लेता हु,
वो कैसे भूलूं,जो उसने लगाई दाग है।
उसकी तस्वीर पहले सीने को ठंडक देती थी,
अब देखते ही,सीने में लग जाती आग है।
मेरे साथ हंसना बोलना पहला था,
अब रुला के चले जाना,दूसरा भाग है।
अब उसके जबान में विष भर गया है,
पर अब भी वो मेरे लिए,एक मधुर राग है।
मेरे घर से थोड़ी दूर,उसका घर है,
उसके घर के चारों तरफ बाग है।

4. घनानंद बन गया

प्रारंभ में था जटिल,अब सुखानंद बन गया।

कबीर का भक्ति भावना,अब आनंद बन गया।

एक मतलबी सृजान के प्रेम में फिर एक बार,

एक सीधा साधा लड़का,घनानंद बन गया।

कुछ छड़ में उनसे हो गया कैसे लगाव सा।

अब भाव मेरा हो गया,मीरा के प्रेम भाव सा।

तुलसी की भाती सम्पूर्ण समर्पण उसके लिया किया,

रत्नावली थी वो,उसमे भाव था अभाव सा।

कुछ क्षणिक पलों के लिए उसका आभारी हु।

उसे पाने को गिड़गिड़ाता था ऐसे,जैसे भिखारी हु।

एक छंद तुझको लिख के दू,और तू छोड़ घमंड बाहर आए

एक आम सा मानुष हु,मैं थोड़ी ना बिहारी हु।

मैं भी लिख रहा था भावना और छंद बन गया।

मेरा सत्य प्रेम ही,अब मेरा स्कंद बन गया।

एक मतलबी सृजान के प्रेम में फिर एक बार,

एक सीधा साधा लड़का,घनानंद बन गया।

5. ज़हर लायी थी

उससे प्यार तभी हो गया, जब वो मेरे शहर आयी थी।
खुशियां थी मेरे चारों तरफ, जैसे खुदा से मेहर आयी थी।
रहमते बरस रही थी हर घड़ी, शायद खुशी की लहर आयी
थी। उसका प्यार मेरे जिस्म पर ऐसा था, जैसे किसी सुखी
खेत पे नहर आयी थी।
बाद में पता चला कि उसका इश्क़ मतलबी था, वो दवा को
कहकर प्याले में जहर लायी थी।

6. एक तरफा प्यार में मज़ा दुगना होता है

उनकी याद में अकेले घुटना होना है।

अकेले खुद में ही,खुद को चुभना होता है।

तजुर्बा से मैं इतना कहे सकता हु यारों

एकतरफा प्यार में मज़ा दुगना होता है।

ये ऐसा प्यार है,किसी को भूलाने की जरूरत नहीं पड़ती।

भनक लगा दो उसे,फिर बताने की जरूरत नहीं पड़ती।

दो तरफे प्यार में,मन्नते,मिन्नते दोनों करनी पड़ती है,

इसमें हर रात वो ख्वाबों में होती है,

कभी बुलाने की जरूरत नहीं पड़ती।

बस वो खुश रहे हमेशा,

इसमें करते बस यही कामना है।

किसी को बताए बिना चाहना,

ये एक अलग भावना है।

चाहो भी तो नहीं लिख पाओगे पूरी व्याख्या इसकी,

मैने जो चंद लफ्जों में लिखा है,

ये बस एक प्रतावना है।

ये ऐसा पौधा हैं,जिसे मुरझना है,

फिर कुछ पल के बाद उगना है।

उसे किसी और के साथ देख के

खुद ही जलना,खुद ही बुझना है।

गुलमोहम्मद शाह

तजुर्बा से मैं इतना कहे सकता हु यारों
एकतरफा प्यार में मज़ा दुगना होता है।

7. छोड़ नहीं सकता

ये कड़िया,वो घड़ियां,

मैं जोड़ नहीं सकता।

अपनी मंजिल को किसी और रास्ते पर,

मैं मोड़ नहीं सकता।

दिल टूटने के दर्द को,मेहसूस किया हूं इतना,

किसी और के दिल को,

मैं कभी तोड़ नहीं सकता।

अब ऐसा न कर,

की तेरी याद पुरानी हो जाए।

हमारा ये मशहूर किस्सा,

सबके लिए कहानी हो जाए।

मैने गैरो से बहुत सुन लिया,की तू मुझसे प्यार नहीं

करती,

अब बस एक आखिरी इच्छा पूरी करदे,

ये बात तेरी जुबानी हो जाए।

अब इस हमदर्दी के चोले को,

मैं अब ओढ़ नहीं सकता।

तुझे तो छोड़ सकता हु,पर तेरी याद को,

मैं कभी छोड़ नहीं सकता।

दिल टूटने के दर्द को,मेहसूस किया हूं इतना,

किसी और के दिल को,

मैं कभी तोड़ नहीं सकता।

8. मुस्कान भी झूठी है

अब जो बना रहा हु मैं,ये पहेचान भी झूठी है।

बड़ी देर से पता चला की वो इंसान भी झूठी है।

उसके रूठने पर किस्मत भी रूठ गई मुझसे,

मेरे चेहरे पर जो दिख रही,ये मुस्कान भी झूठी है।

वो कहेती हैं,मेरे घर वाले मार डालते तुम्हे,इसलिए छोड़ा,

यकीन न करना यारो,ये एहसान भी झूठी है। अगर तुम

प्यार में मर्यादा देख रही हो सबकी,

धोखा देकर बचाओगी तो,वो सम्मान भी झूठी है। मैं तीर

सा हर बार उसके मंजिल पर पहुंचता था,

निशाना मतलबी तो था ही,पर कमान भी झूठी है।

अगर आ जा जाए कोई जिंदगी में आपके,मासूम बनकर,

तुम्हे अच्छा तो लगेगा,पर याद रखना,वो नादान भी झूठी

है।

उसके रूठने पर किस्मत भी रूठ गई मुझसे,

मेरे चेहरे पर जो दिख रही,ये मुस्कान भी झूठी है।

9. तेरा प्यार अभी जिंदा है

अब मैं खुद सुधरने लगा हु,
पर लोग मेरी कर रहे निंदा है,
हा सच है ये की आज भी इस दिल में,
तेरा प्यार अभी जिंदा है।
हंसना,हंसाना लोगो को,फितरत थी मेरी
अब खुद ही खुशी को तरसता हु।
सब साथ मेरे है फिर भी,
मैं मिलने को,उसी को तरसता हु।
दिखावे का चेहरा बना लेता हु सबके सामने,
बिन मौसम की बारिश की तरह बरसता हु।
तू मुझसे प्यार करे,या न करे,
पर तुझसे हरदम प्यार करूंगा मैं।
जिन बातों को सरेआम कहना नहीं था,
उसे आज सरेआम कहूंगा मैं।
जो रहता था खुश,हर माहौल में,
वो अब खुद की नज़रों में शर्मिंदा है।
तू पूछती है ना,कैसा प्यार है मेरा,तो सुन
जिस तरह बिन पानी के तड़पता परिंदा है।
बस उसी तरह इस दिल में,
तेरा प्यार अभी जिंदा है।

10. आज भी उन्ही के बारे में लिखें जा रहे है

गमों के बरसात में हम भीगे जा रहे है।।

उन्ही के दर्द, कागज़ों पर बीके जा रहे हैं।।

वो मुझको भूल गई, मैं सोचता फिरता हु उसको,

आज भी उन्ही के बारे में लिखें जा रहे है।।

पन्नों पर ये दर्द किसके है,पूछते है लोग,

गुनगुना के नज़्म मेरे,किसी और,को सोचते है लोग,

खुद में उसको ढूंढ के,अल्फाज़ ढूंढ लेता हु,

अल्फाजों की मालाओं में,किसी और को,खोजते हैं लोग,

छुप छुप के चलते है,मगर सबको दिखे जा रहे है।।

वक्त और हालत से,सब कुछ सीखे जा रहे हैं।।

वो मुझको भूल गई, मैं सोचता फिरता हु उसको,

आज भी उन्ही के बारे में लिखें जा रहे है।।

जिंदगी के नोट को,वो जाली कर गई।

मुझे दीवाना उसके कान की,बाली कर गई।।

मेरे दिल के खाली कमरों को उसने भरा पहले,

अब खुद जाके,उस जगह को खाली कर गई।।

अब मेरे मीठे रिश्ते,तीखे जा रहे हैं।

वो मुझको भूल गई, मैं सोचता फिरता हु उसको,

आज भी उन्ही के बारे में लिखें जा रहे है।।

11. नया साल आ गया

मेरी पाक रूह में भी अब मलाल आ गया।।
अचानक मुझे आज तेरा ख्याल आ गया।।
तेरे दिए हुए गम,जख्म में बदल गए थे जो,
उन्हें भरते-भरते एक और नया साल आ गया।
जवाब ढूंढ रहा था,पर एक और सवाल आ गया।।
तुझपे एक बार फिर कैसे मुझे एहतिमाल आ गया।
तेरे बारे सब कुछ जान के भी,तुझे सोहनी मान लिया,
देख पाने को तुझको,बड़ी दूर से ये महिवाल आ गया।
तेरे दिए हुए गम,जख्म में बदल गए थे जो,
उन्हें भरते-भरते एक और नया साल आ गया।
अपने दर्द को शायरी बनाना एक नया इस्तेमाल आ गया।।
तुझे अनदेखा किया जब-२ एक नया बवाल आ गया।।
एक मजलिस में गया अपने दर्द को भूलने, पर
उस महफिल में भी अचानक तेरा मिसाल आ गया।।
तेरे दिए हुए गम,जख्म में बदल गए थे जो,
उन्हें भरते-भरते एक और नया साल आ गया।

12. तेरी तस्वीर को किसी और ने दिखाया मुझे

तेरा हाल किसी और ने बताया मुझे।।

क्यूं प्यार के फरेब में फसाया मुझे।।

तुझे याद कर कर के मैं भूल रहा था,पर तू याद आ गई,

जब तेरी तस्वीर को,किसी और ने दिखाया मुझे।।

की समंदर में सिर्फ मोती नहीं है,मछलियां भी तो है।

उनके पास तेरी फोटो क्यों है कैसे हैं,ये पहेलियां भी तो है।

तू हर बार सोच में गुम रहती है,ये सब जानने के लिए,

पर इतना नहीं सोचा,मेरे दोस्त है,तो तेरी सहेलियां भी तो
है।

सारे आशु सुख गए,तुझे देख,अब ये बाहर नहीं निकलेंगे।।

जिस जंग में हम खड़े हो,उसमे कोई कायर नहीं निकलेंगे।।

तेरी बेवफाई के किस्से इतने मशहूर कर देंगे हम,

कोई प्यार नहीं करेगा और कोई भी शायर नहीं निकलेंगे।।

अब रूठने पर किसी और ने मनाया मुझे।।

ए खुदा,जब उसे मेरे हक में नहीं देना था,

तो फिर क्यों बनाया मुझे।।

तुझे याद कर कर के मैं भूल रहा था,पर तू याद आ गई,

जब तेरी तस्वीर को,किसी और ने दिखाया मुझे।।

13. तन्हाई

किसी का साथ नही था,
अकेले यहां ले आई तन्हाई मुझे।।
सब ने मुझे बीच में छोड़ दिया,
फिर यही अपनायी मुझे।।
कभी मैं जिसके पायल की छनक सुनता था,
आज सुनाई दे रही,उसके यहां सहनायी मुझे।।
जिसका मिलना मेरे जिस्म में एक सुकून सा था,
क्यों अब उनसे मिलने से हो गई मनहायी मुझे।।
जिसके बाद मेरा वक्त खराब हो गया,
तूने ऐसी घड़ी पहनायी मुझे।।
इस फसाने को हो गए बरसो यारो,
डूबा ले गई इश्क की गहरायी मुझे।।
आज दौलत बेशुमार है मेरे पास,
पर तसल्ली नहीं देती ये कमाई मुझे।।
कभी मैं जिसके पायल की छनक सुनता था,
आज सुनाई दे रही,उसके यहां सहनायी मुझे।।

14. ज़माने वाले अब कहते है,की मैं कुछ सुधर रहा हु

वो अगर नदी के इस पार है,तो मैं हर बार उधर रहा हु,

बड़े ही दर्द और मुसीबतों से,मैं दिन रात गुजर रहा हु,

अंदर से मेरी तबियत,आज कल बड़ी नासाज़ रहती है,

ज़माने वाले अब कहते है,की मैं कुछ सुधर रहा हु।।

मुझे ना लेजाओ पास उसके,मैं अपना आपा खो दूंगा।

यू देख के उसे रूबरू अपने,अल्लाह कसम मैं रो दूंगा।

पर बरसो बाद मिलने से इंकार कैसे कर दू मैं,चलो ले चलो,

आंख में कचरा है कहके,मुंह को अपने पानी से धो दूंगा।

उसकी जुल्फें खुली हुई थी,और बाल बिखरे हुए थे,

उसकी याद में झुलस गए हालात मेरे,और वो निखरे हुए थे,

मुझे एक बार भी उसने सोचा नहीं यारो,

और हमे उनके बेफिजूल,इतने फिक्रे हुए थे।।

जो फूल मेरे बाग में खुद की मर्जी से आए थे,

उनका कहना है कि मैं अब यहां से उजड़ रहा हूं।

बड़े ही दर्द और मुसीबतों से,मैं दिन रात गुजर रहा हु,

अंदर से मेरी तबियत,आज कल बड़ी नासाज़ रहती है,

ज़माने वाले अब कहते है,की मैं कुछ सुधर रहा हु।।

15. जैसे सब कल की ही बात है

रोज़ दर्द से बीत रही,
ये गमों की काली रात है,
दिन सैकड़ों गुजर गए,
फिर भी ऐसे बिगड़ रहे हालात है,
मैं सब कुछ,अब भी ऐसे याद करके बैठा हु,
जैसे सब कल की ही बात है।
तेरा इंतजार मेरे जहेन में,
अब बस एक याद है।
यही दिलासा देकर खुदको,
होरहा ये इंसान बर्बाद है।
मेरे सपने में,वो तेरा मुस्कुरा देना,
मेरा आज भी,दिन कर देता आबाद है।
मैं कुछ भी भूल नहीं पा रहा हूं,
जैसे सब कल की ही बात है।
मेरा आसमान,जमीन,दुनिया,जहान,सब कुछ तू है,
मेरे लिए अब भी तू एक परिजाद है।
मैं तुझे अपना मान के भी,अपना नहीं पाया,
मेरे साथ,मेरी बदनसीबी की बारात है।
तेरा चेहरा मेरी आंखों में एक तस्वीर की तरह है,
मेरे लिए ये तेरा सबसे अनमोल सौगात है।

सालो हो गए तुझे गए हुए,पर लगता है,
जैसे सब कल की ही बात है।

16. तेरे बिना। एक अजीब सी जलन

एक अजीब सी जलन है,सीने में,तेरे बिना ।
आज बरसात हो रही है,बदलो को,घेरे बिना ।
उसने इतना अंधेरा भर दिया है,मेरी जिंदगी में
मैं रातों को कही मर न जाऊं,सवेरे बिना ।
ये ढाई अक्षर प्यार के,किसी को तोड़ सकते है।
अपना बनाकर भी,हमे अकेला छोड़ सकते है।
पहले हम भी थे खुद्दार बहुत,पर अब उसके लिए,
किसी के आगे भी,अपना हाथ जोड़ सकते है।
कभी न कभी हर शाख,टूटी होती है।
प्यार में हर उम्मीद,झूठी होती है।
हर किसी को अपना मान लेना,एक गुनाह है,
हर बार थोड़ी ना,किस्मत रूठी होती है।
क्या वो भी रातों को जागती होगी,मेरे बिना।
मेरा हाल तो ऐसा है,जैसे कोई परिंदा बसेरे बिना।
उसने इतना अंधेरा भर दिया है,मेरी जिंदगी में
मैं रातों को कही मर न जाऊं,सवेरे बिना ।

17. एक रात ऐसी होगी

एक रात ऐसी होगी,
सब कुछ देखूंगा,पर कुछ कह नहीं पाऊंगा।
रहने को तो ये दुनिया,वैसी ही रहेगी,
मगर शायद,मैं इस दुनिया में रह नहीं पाऊंगा।
चैन से सो जाऊंगा उस रात को,
कोई कितना भी कुछ कहे,पर मैं जाग नहीं पाऊंगा।
मेरे पैरों में कोई बेड़ी भी नहीं होगी,
फिर भी मैं उठके,भाग नहीं पाऊंगा।
सुबह होते ही लोग मुझे ले जाएंगे कंधो पर,
बदनसीबी ऐसी,कि उनके साथ चल नहीं पाऊंगा।
मेरे मरने पर ना बहाना,एक कतरा भी आंसू का कोई,
नहीं तो मर के भी,मैं चैन से मर नहीं पाऊंगा।
मुझे मेरे घर से रुखसत होते देख,रोएंगे मेरे अपने,
इस दुनिया को छोड़ कर भी,मैं इस दर्द को सह नहीं
पाऊंगा एक रात ऐसी होगी,
सब कुछ देखूंगा,पर कुछ कह नहीं पाऊंगा।

18. हर रात महसूस किया है

मैने कई बार,अपने दिल को कन्फ्यूज किया है।

पर सच मानो आज तक,किसी का नहीं मिसयूज किया है।

तुम पूछते हो की कभी,सीने की जलन हुइ है मुझे

उसके जाने के बाद ये दर्द,हर रात महसूस किया है।

भरोसा क्या है,कहो तो एक लफ्ज़ में बताए,

कोशिश कर लो उसे भूलने की,

जिसे तुम्हारा दिल कभी चाहे,

उसने बराबर खामियां दी मेरी,

फिर भी पूरी शिद्दत से मैंने रिश्ते है निभाए।

तेरा दुपट्टा मेरे जिस्म से लिपट कर,मेरा कफन हो जाए।

उस साए के तहत तेरी याद,मेरे साथ,दफन हो जाए।

फिर कभी तुझे मेरा ख्याल न आए,मेरी रूह कभी तेरे पास न जाए,

बंजारो की तरह भटकु मैं,और तेरी जिंदगी में अमन हो जाए

अब मर के भी देख,मैंने तुझे महफूज किया है।

तेरे प्यार ने जो बल्ब जलाया था,उसे फ्यूज किया है।

तुम पूछते हो की कभी,सीने की जलन हुइ है मुझे

उसके जाने के बाद ये दर्द,हर रात महसूस किया है।

19. नुमाइशी मोहब्बत

अब ऐसा कभी होगा नहीं,कि दोबारा हम तेरी याद में हो
जाए।
और नुमाइशी होती है वो मोहब्बत यारों,
जो पहली मुलाकात में हो जाए।
यह दुनिया बदल गई है,
अब प्यार सिर्फ एक बहकावा है।
चेहरे पर कुछ और,और दिल में कुछ,
भोली सूरत सिर्फ एक दिखावा है।
इस फरेब को अब मैंने जान लिया है।
कौन मतलबी है, कौन अपना है,
इन चीजों को पहचान लिया है।
एक मर्तबा हो गई थी गलती से मोहब्बत,
दोबारा नहीं करूंगा यह ठान लिया है।
तुम कितना भी कहो कि मैं बेवफा नहीं,
मगर इस दिल ने तुम्हें बेवफा मान लिया है।
अब कितना भी कह ले,
कि तुम मेरी पहली मोहब्बत हो,
ऐसा सोचना भी मत,
कि मुझे एतमात तेरी बात में हो जाए।
नुमाइशी होती है वो मोहब्बत यारों,
जो पहली मुलाकात में हो जाए।।।।

20. एक शायर दर्द में भी,अल्फ़ाज़ बना लेता है

एक शायर,दर्द में भी,अल्फ़ाज़ बना लेता है।
सब कुछ कह के भी,सब कुछ राज़ बना लेता है।
लोग इत्मीनान से बोलकर,चिल्लाकर,अपनी बात रखते है,
पर वो अपनी कलम को ही आवाज़ बना लेता है।
हमसफर की बेवफाई सह के भी,सबको हमराज़ बना लेता
है,
मयूर सा जो था पहले,बाद में खुद को बाज़ बना लेता है,
कल्पनाओं की दुनिया में,घूमता रहता है अक्सर,
जो भूत है,भविष्य है,उसको भी आज बना लेता है।
एक शायर,दर्द में भी,अल्फ़ाज़ बना लेता है।
नज्मों की पगड़ी को ये मोड़कर,खुद पर ताज़ बना लेता है।
अपने गमों को सोच कर, दर्द भरा अंदाज बना लेता है।
इन्ही से लिख देता है,अंजाम-ए-मोहब्बत हर बार,
कभी-कभी इन्ही को, आगाज़ बना लेता है।
एक शायर दर्द में भी,अल्फ़ाज़ बना लेता है।।

21. मुख्तसर मुख्तसर

मुख्तसर मुख्तसर है जो तेरा असर,

एक दिन तुम आ जाओ मेरे ख्वाबों में,

हर घड़ी हर वक्त,ढूंढे तुझको नजर,

आ के मुझमे समाओ मेरी रातों में,

मुख्तसर मुख्तसर........

आज भी तू समाया मेरे सांसो में

जिक्र तेरा ही रहता मेरे बातों में

चंद लफ्जों की तो ये कहानी नहीं 2

मर मिटूंगा यहां ,मैं तेरी यादों में

मुख्तसर मुख्तसर है जो तेरा असर,

एक दिन तुम आ जाओ मेरे ख्वाबों में,

मुख्तसर मुख्तसर

शाम को सोचता फिर सुबह हो गई,

सुबह सोचू तो देखा फिर शाम ढल गई,

रुक रही थी मेरे,सीने में जो कभी 2

तुझको देखा अचानक ये सास चल गई,

मुख्तसर मुख्तसर,ढूंढे तुझको नजर,

आ के मुझमे समाओ मेरी रातों में,

रात की चांदनी ये जहां खो गई,

मेरी जागति किस्मत वहां सो गई,

आज भी कर रहा इंतज़ार तेरा

तुझको चाहूं मैं अब,तू मेरी हो गई,

मुख्तसर मुख्तसर है जो तेरा असर,
एक दिन तुम आ जाओ मेरे ख्वाबों में,
मुख्तसर मुख्तसर

22. मेरे जिस्म में उसकी परछाई दे दे

अगर उसे नहीं देना,तो किसी और को ये दुनिया,बनी बनाई
दे दे ।
ताउम्र उसके बारे में लिखता रहूं,मेरे लहज़े में इतनी स्याही
दे दे ।
मेरा साया उसके ऊपर,अगर तुझे बर्दास्त नहीं है ,
तो ए खुदा,मेरे जिस्म में उसकी परछाई दे दे।।
मुझे चुपचाप रखा,और उसे तूने समय के साथ बहाया है।
तूने हर बार उसे दूर किया, जिसे मेरे दिल ने अपनाया है।
लैला, मजनू ,हीर ,रांझा सबको मोहब्बत ने मार डाला
मेरे मालिक,इस धरती पर फिर क्यों,तूने प्यार को बनाया
है।
जिस प्रकार हर सुबह के बाद रात आएगी,
हर बार इश्क में एक बार जात-पात आएगी,
अगर कुबूल हुआ तो अक़्द- निकाह,
वरना इधर मय्यत,और उधर बारात आएगी।।
अगर मेरी जात, उसे पाने के बीच आ रहा है
तो मुझे इस मज़हब से रिहाई दे दे।।
अगर वो खुद पर मेरा कमाया खर्च न कर पाए ,
तो किसी और को ,ये मेरी यह कमाई दे दे।।
मेरा साया उसके ऊपर,अगर तुझे बर्दास्त नहीं है ,

तो ए खुदा,मेरे जिस्म में उसकी परछाई दे दे।।

23. एक लड़की ऐसी हो

एक लड़की ऐसी हो,

जो मेरे गमों में कहे,खुद को आ मुझमें खोले,

अगर दर्द है तेरे सीने में,तो मेरे सीने से लगके रोले,

मायुशियत में मेरा ध्यान अपनी तरफ ले जाए वो,

मैं चुपचाप सुनूं उसे,जब वो लफ्जो से कुछ भी बोले

मेरे अलावा कही और उसकी रात ना हो,

वो मुझपे यकीन रखे,भले कुछ दिन बात न हो

मेरी आंखें बंद होने पर,उसे महेसुस करती है

भले मुद्दत से,उनसे मुलाकात ना हो।

चाहे सात फेरे मैं ले लूं उससे, चाहे खामोशी से निकाह हो,

रस्मो-रिवाज अलग हो फिर भी,दिल में एक सा जज्बात

हो,

मैं उसके धर्म को अपना लूं,वो मजहब को अपनाए मेरे

वो साथ मेरे,मेरा बन जाए,भले अलग हमारा जात हो,

मैं मग्न मुग्ध हो सुनूं कीर्तनो को

वो सुभानल्लाह कहे जब कभी नात हो।

हम दोनों जिये जिंदगी अपने हिसाब से,

पर साथ हमेशा साथ हो।

मेरे मुस्कुराने पर वह अपना गम भूल जाए,

और उसे प्यार से मनाऊं मैं जब भी कभी वो नाराज हो।

उसकी संस्कृति को ना मैं कभी बुरा कहूं,

और ना उसे मेरे सजदों से ऐतराज हो।

मेरे दर्द छुपे हो सीने में,पर वो आखो से पहचान ले।
उसके मेरे जो भी हो,हम सब को अपना मान ले।
जब उलझनों के रास्तों पर मैं अकेला चल रहूं,
डगमगाने पर वो आके हाथ को मेरे थाम ले।
मुसीबतों पर भले ही आसू बहाए वो,
पर मुझे हिम्मत देने के लिए,वो मुंह को अपने धोलें
एक लड़की ऐसी हो,
जो मेरे गर्मों में कहे,खुद को आ मुझमें खोले,
अगर दर्द है तेरे सीने में,तो मेरे सीने से लगके रोले,

24. तेरा गम मेरे पास आ जाता हैं

तु मुझसे दूर है फिर भी ,
तेरा गम मेरे पास आ जाता हैं।।।
तेरे आंसू मेरी आंखों से निकलते हैं,
और दर्द जिस्म को खा जाता हैं।।।
तुझे बता दूं हर रात मेरे ख्वाब में आती है तू
मेरा रूह तेरी रूह को पा जाता है।।
सूरत हसीनाओं के तो लाखों देखा है
पर तेरा तस्वीर ही हर बार मुझे भा जाता है।।
वक्त भी इम्तिहान ले रहा है मेरा
वरना इतने में दिल किसी की याद जला जाता है।।
तेरी गलियों में आके जो हर बार शोर मचाता था,
अब चुपचाप वो उन गलियों से चला जाता है।।
ये मोहब्बत में बिछड़ना बड़ी बुरी बीमारी है,
अच्छे खासे बदन को गला जाता है।।
जिसे ताउम्र देखा नहीं होता है कोई,
वो कैसे पहली नजर में भा जाता है।।
तु मुझसे दूर है फिर भी ,
तेरा गम मेरे पास आ जाता हैं।।।
तेरे आंसू मेरी आंखों से निकलते हैं,
और दर्द जिस्म को खा जाता हैं।।।

25. तेरे एक काम ने तुझे खुदा कर दिया है

तेरे एक काम ने तुझे खुदा कर दिया है,
जब से तूने साये को जिस्म से जुदा कर दिया है,
जिस मोहब्बत पर सिर्फ हक़ हमारा था,
उसे तूने इधर-उधर बाटकर जूआ कर दिया है।।
एक पैगाम तुझे देना था
एक वक्त था जब तेरे हर जख्म को मुझे लेना था
खुद को तेरी आंखों से कभी दूर नहीं करता मैं
तेरे साथ ताउम्र जो रहेना था।।
तेरी नजरों में कुछ नशा सा था
तू मेरा बेशकीमती असासा था
कुछ दिन पहले तुझे देखकर तसल्ली नहीं मिली दिल को
लगा मेरा यार कुछ नया सा था।।
हर प्यारा बात आशिकाना नहीं होता
काश मैं इस कदर तेरा दीवाना ना होता
तूने जब कहा कि मुझे कोयल की हर रंगत पसंद है,
तेरे इशारे को समझ जाना चाहिए था,की उसका कोई
आशियाना नहीं होता।।।
तूने घुटन भरी जिंदगी में खुद को फिज़ा कर दिया है
उस रब से हटाकर खुद पर अकीदा कर दिया है।
तेरे एक काम ने तुझे खुदा कर दिया है,

गुलमोहम्मद शाह

जब से तूने साये को जिस्म से जुदा कर दिया है,

जब से तूने साये को जिस्म से जुदा कर दिया है,

26. अजीब सपना

कल रात एक सपना देखा,जो बेहद अजीब था।
वह मुझसे दूर था जो कभी,मेरे बेहद करीब था।
तेरे दूर जाने की बात को एक ख्वाब समझता था मैं,
पर शायद हकीकत में, ये मेरा नसीब था।।
सुनो कभी कह पाया नहीं तुमसे,पर प्यार बेशुमार करता हु,
हजारों की भीड़ में अकेला होकर,आज भी तेरा इंतजार
करता हु,
तेरी याद मेरी आंखों में आंसू भर देते हैं हर मर्तबा
फिर भी तुझे याद मैं हर बार करता हूं।।
मेरी इस उम्मीद को हरगिस कभी तोड़ना नहीं
तेरे मेरे प्यार के मिलान वाले रास्ते को कभी छोड़ना नहीं
अगर हमसे ना हो मोहब्बत,तब भी इंतजार करना मेरा
किसी और से प्यार वाला रिश्ता कभी जोड़ना नहीं।
वरना तुझे पहचानने वाला अनजान हो जाएगा
बेमतलब मेरी मोहब्बत का अपमान हो जाएगा
मेरा हाल भी एक कटे पंख के परिंदे जैसा हो जाएगा
जिंदगी तो रहेगी पर अंदर से बेजान हो जाएगा।
वो घर के अंदर ही थी,उसके अंदर भी तहजीब था
उसकी दीदार की खातिर हर बार तरसता रहा मैं,
मुझे देखा किसी कोने से उसने,बाहर मैं खड़ा बदनसीब था
कल रात एक सपना देखा,जो बेहद अजीब था।
वह मुझसे दूर था जो कभी,मेरे बेहद करीब था।।

27. मेरे जज़्बात

तेरी बातें मेरे कानों में एक धुन सी है,जैसे कोई बजा रहा साज़ है,

तेरे बारे में लिखते-लिखते,कम हो जा रहे अल्फाज़ है,

तुम्हे महसूस करके,लिख रहा हु कुछ पन्नो पर

इसे तुम शायरी ना समझो,ये मेरे जज़्बात है।

मेरी निंदो में कोई ख़्वाब नहीं आते,कोई दे रहा वहा पहेरा है

सच कहूं तो कोई और नहीं,वो तुम्हारा मासूम सा चेहरा है।

कभी पूछना मत,की कितना करते है मोहब्बत तुमसे,

बता नहीं पाऊंगा कभी,मेरा प्यार समंदर सा गहेरा है।।

तुम पास होती तो चुप रहता हु,भले ही कुछ कहना चाहता हु

जो कहना है,कह रहा हु,मैं तेरे साथ पूरा उम्र रहना चाहत हु,

जिंदगी मेरी चल रही है,तेरी याद में,वो अलग की बात है,

सच कहूं यार तो मैं तेरे साथ ही,जीना और मरना चाहता हु।

उस दिन कुछ ऐसा हो,जब तू मेरे पास ना आए।

हवाएं आंधियां सी हो,और मुझे सांस ना आए।।

खुदा से भी मैं लड़ जाऊंगा, तेरी खातिर,

जिंदगी मत मुझे,अगर हिस्से में तेरा प्यार ना आए।।

जो सुकून सी देती है दिल को,वो हमारी मुलाकात है।
दिन तो बीता लेता हु तुम्हे सोच कर,पर तड़पाती रात है।
तुम्हे महसूस करके,लिख रहा हु कुछ पन्नो पर
इसे तुम शायरी ना समझो,ये मेरे जज़्बात है।

28. इतना बोलकर तो.......

मेरी इबादत बन जा,या इम्तेहान बन जा

एक उम्मीद बन जा,या अच्छा इंसान बन जा

कह दे प्यार करती हूं,पर साथ रह नहीं सकती

कम से कम इतना बोलकर तो महान बन जा।।

मौसम है सर्द,आसमा में धुआं सा है

इश्क एक खेल है,जो जुआ सा है

अगर हार गए तो मायुसियत से भर जाएगा तन-बदन

जीत गए तो लगेगा,ये दुआ सा है।।

इतने आसू बहाए मैने,अब तेरी याद को धूल जाना चाहिए
ना

हर शाम मेरे जहेन में रहती है तू,अब तो मुझे तुझे भूल
जाना चाहिए ना

क्या मेरी याद तेरे दिमाग में अब भी एक कली सी है,

जैसे तेरी याद मेरे यहां है,इसे भी तेरे पास फूल जाना
चाहिए ना।।

कुछ काम बिगड़ ही जाते हैं,करने की कितनी भी शिद्दत
हो

कुछ लोग बदनाम करते ही रहेंगे,भले ही कितनी भी
इज्जत हो

एक सच्चे प्यार का बिछड़ना लाजमी है,दुनिया में

इश्क़ कभी कामिल नहीं होता,अगर दिल में सच्ची मोहब्बत
हो।।

कह दे मालूम था इश्क़ क्या है,या सरासर नादान बन जा
कह दे तुम्हें जानती हूं,या सामने से अनजान बन जा
कह दे प्यार करती हूं,पर साथ रह नहीं सकती
कम से कम इतना बोलकर तो महान बन जा।।

29. ऐतबार बनो

बाज़-पुर्स कर रही हो,
क्या मुझे बनाया अपना रकीब है।
मेरे मुकद्दर में तुम नहीं हो,
हाय कितना बुरा मेरा नसीब है।
मुझे छोड़ा तुमने मेरी मुफलिशी पर,
शोहरत देख वापस ना आओ,मेरा दिल अब भी गरीब है।
बद-अहद हो तुम,
पहले बा-ए-तिबार बनो।
सुनी सिर्फ एक मर्तबा नहीं,
हरबार बनो।
अगर बितानी है उम्र,किसी एक शख्स के साथ,
तो उसका इंतजार नहीं,ऐतबार बनो।

30. फर्द-E-ज़ुल्म

तूने भेजा जो मुझे,ये फर्द-ए-ज़ुल्म है।
कह दे ये हकीकत नहीं,बस एक हूल्म है।
ये इश्क़,मोहब्बत ने इतना सताया है मुझे,
अब लगता हैं कि,प्यार करना भी एक जुर्म है।
मुबतला ए इश्क़ हु,आज तक किसी से कहा नहीं।
अदम-ए-तहफ्फुज़ हु, महफ़ूज़ अब रहा नहीं।
बिना किसी ऊपरी ज़ख्म के दर्द और तड़पन होगा,
ये इश्क़,ऐसा मर्ज़ है,जिसकी कोई दवा नहीं

31. Tere Baad...

Tere baad kai aur ke dil todne ka jimmedar hu
mai,
Khuda baksega nhi hasr(kyamat) ke din
muje,itna bada gunehgar hu mai.
Aazad bhi hu,aur kaid bhi hu
Apna sa bhi hu,aur gair bhi hu
Khud hi khud me kuchh iss qadar, ji aur mar
rha hu mai
Dava sa bhi hu,aur zaher bhi hu.
Nazar band karta hu,to teri tasveer aa jaati hai,
Aankhe kholu to samne,meri takdeer aa jati hai,
Mai janta hu ki, tu karti hai beinteha ishq
mujhse,
Bas kahti nhi isliye,kyuki bich me tahezib aa jati
hai. Teri yaad ne haqikat bhi hulm kar diye hai,
Tere intezaar me is qafir kai zurm kr diye hai
Ab khud me hi khud se farar hu mai,
Tere pyaar me bana,ek alag kirdaar hu mai,
Khuda baksega nhi hasr(kyamat) ke din
muje,itna bada gunehgar hu mai.
Tere baad kai aur ke dil todne ka jimmedar hu
mai.

32. एकतरफा प्यार बस मेरा था

मझधार में डूबी एक कस्ती थी,

आधा सा हुआ सवेरा था।।

किस आंधी ने उजाड़ा आशियाना मेरा,

इस परिंदे का एक यही बसेरा था।।

जिसमें तड़पना मुझे है और उसे पता तक नहीं,

वो एकतरफा प्यार बस मेरा था।।

अब फसना नही होगा,किसी इम्तेहान में,

अब तो मजा भी आने लगा है,तेरे इंतजार में,

तुझे प्यार करने के लिए अब तेरी ही जरूरत नहीं है,

इतना ताकत है एकतरफा प्यार में,

मेरे सामने तेरे रूप में एक रौशनी सी है,और चारो ओर
अंधेरा था,

जिसमें तड़पना मुझे है,और उसे पता तक नहीं,

वो एकतरफा प्यार बस मेरा था।।

तुझे पास बुला लेता हु,सीने से लगा लेता हु,

जब अकेलापन लगता है,तुझे पास बिठा लेता हु,

नजरो के सामने तू नहीं होती है फिर भी,

आंखों में तेरी देख के हर दर्द मिटा लेता हु,

दुनिया की तरह गोल इस प्यार के चक्र में,ये दिल लगा
रहा फेरा था,

जिसमें तड़पना मुझे है और उसे पता तक नहीं,
वो एकतरफा प्यार बस मेरा था।।

33. कब्र

Hazaro haseeno ke chehre dekhe,
par wo chehra aaj bhi kahi nazar nhi aaya.
Tere chehre se milti thi taslli mujhko,
bakiyo ke chehre se mujhko kabhi sabar nhi
aaya.
Aur ab dekh le tu mere janaze ko aake, mai
khud kah rha hu,
ye mat kahena ki kahi se khabar nhi aaya.
Aur tu char kadam chal ke thak jati hai,
kabristan gye bina hi kah rhi hai ki mera kabar
nhi aaya.

34. Bewkufi

Ki hamane socha ki hamara hi kissa adhaura rh
gya
Lekin yaha to log bhare pade hai
Kuchh dikhate hai apne gam ko khuleaam
To kuchh bechare dare pade hai
Aur kabhi suna hai ki pyaar me masuka ne
jaan de di
Fir hamari biradari me kyu log mare pade hai
Kuchh ke to kisse hi alag hai
Ek mohatrma ke liye do char lade pade hai
Aur ye sirf kissa nhi hai aasiko kaa ladkiya to
isse bhi aage hai
Dusre se kahne jaa rhi hai tum meri pahli
mohabbat ho aur pahle se hi char mobile me
dhare pade hai
Hamari mohabbat ne choda hame ham bewfa
nahi the tab bhi
Hame ab bhi yakin nhi ki ye kaam wo kre pade
hai.

35. ए खुदा दर से तेरे जाऊंगा ना उम्र भर

मेरे मेहबूब के हर आरजू को पूरा कर।
ए खुदा दर से तेरे जाऊंगा ना उम्र भर।
उसे पाया नही है मैने,फिर भी न जाने क्यूं,
हर बार लगा रहता है खोने का डर।
ये दिल कुछ इस कदर धड़क रही है।
दरिया के किनारे जैसे कोई मछली तड़प रही है।
है पास में मंजिल इस मछली के मगर,
शाहिल पे रहके ही सुख के अकड़ रही है।
अब शाम भी मुझे,शाम सी नहीं लगती।
थक के भी बैठू तो आराम सी नहीं लगती।
तेरे साया ही सुकून के लिए काफी था पहले,
अब मुझे तू भी तेरे नाम सी नहीं लगती।
जो तेरे पास रहना चाहता था,अब हैं दरबदर।
मैं कितना तेरी यादों में रोया हु,तू है बेखबर।
फिर भी तेरी सदाये मांगता हूं खुदा से,
मेरे मेहबूब के हर आरजू को पूरा कर।
ए खुदा दर से तेरे जाऊंगा ना उम्र भर।
उसे पाया नही है मैने,फिर भी न जाने क्यूं,
हर बार लगा रहता है खोने का डर।

36. जिंदा रह गए हम

हर गम को हस के अकेले सह गए हम।
सब कुछ तुझसे छिपा के,सब कुछ कह गए हम।
तेरे बिछड़ने में मर्जी उस खुदा की तो नही थी,
बस यही सोच कर हर बार जिंदा रह गए हम।।
जो खुदा मिलने नहीं देता,तो तू मुझे कही दिखती नहीं।
यू गुरूर के बाजार में,तू ऊंचे भाव में बिकती नहीं।
एक मासूम सा दिल तेरी गिरफ्त में अब उम्र भर रहेगा,
ये वो सजा है जो एक बार हो जाए,तो फिर घटती नहीं।
काश तू मेरी बात एक बार गौर से सुन ले।
किस दर्द से गुजरा हु मैं,मेरे दौर से सुन ले।
तुझे अगर ऐतमाद नहीं मेरी बातों पर,
तो हमारे प्यार के किस्से,किसी और से सुन ले।।
दर्द भरी हवाओ के,साथ में होकर बह गए हम।
तूने गिराया जब इमारत प्यार का,उसी के साथ ढह गए
हम।
तेरे बिछड़ने में मर्जी उस खुदा की तो नही थी,
बस यही सोच कर हर बार जिंदा रह गए हम।

37. सपने में थी चली गई

मेरे नजर में नही थी,पर मेरे सामने से चली गई।
लगता है मेरी किस्मत भी मुझसे रूठ कर चली गई।
हर रात मेरे साथ रहती थी वो मेरे सामने,
आंख खोला तो पता चला सपने में थी,चली गई।
मुझसे मिलने की तमन्ना है तुझे,बताया कुछ लोगों ने
जाने दो गौर ना करो,अफवाह उड़ी थी चली गई।
तेरा जिक्र करके लोग,देखते है मेरे चेहरे के भाव को,
कहते है देखो मुस्कान थी,और नाम लेते चली गई।
एक बार आके तू गिना दे मेरे खामियों को,
या ये बता क्यों मुझे तू छोड़ के चली गई।
जिसके लिए कामना था रोजी रोटी मुझे,
वो गई तो समझो रोजी रोटी भी चली गई।
हर रात मेरे साथ रहती थी वो मेरे सामने,
आंख खोला तो पता चला सपने में थी,चली गई।

38. बेवफा बेकसूर हो गया।

मेरा इश्क मुझे दोबारा ना मिला,
ये खुदा का दस्तूर हो गया।
उसकी यादों में लिखे थे कुछ लफ्ज़ मैंने,
उन्हें सुना कर आज लोगों में मशहूर हो गया।
कि उसने छोड़ दिया मुझे किस वजह से,
ऐसा मुझे से क्या कसूर हो गया।
और इतनी शिद्दत से करता था मोहब्बत उससे,
आज दरबदर भटकने पर मजबूर हो गया।
सोचा कि छोटा सा गांव लगेगा मेरे दिलपर,
पर ये घाव तो अब नासूर हो गया।
और दुनिया ने सारी गलती मुझे ही गिना दी,
और वह बेवफा बेकसूर हो गया।

39. किताब लिख दूं क्या

तेरे इश्क में कितना हूं,
बेताब लिख दूं क्या।

राते गुजारता था जिसे देखकर,
वो मेहताब लिख दूं क्या।

और जो बढ़ता था महफिल में तुझे देख कर,
कहो तो आज वो रूआब लिख दूं क्या।

कि कितना तड़पा हूं तेरी यादों में,
इसका हिसाब लिख दूं क्या।

और तेरी याद में लिख दिए हजारों शायरी मैंने,
अब पूरी किताब लिख दूं क्या

40. संभलते - संभलते

न जाने कैसे उससे इश्क हो गया, संभलते-संभलते।
इस मीठे से दर्द को ले लिया हमने,
संभलते- संभलते।
और उनकी मुस्कुराहट को हर वक्त देखता रहा,
न जाने इस इश्क के समंदर में कैसे डूब गया,
संभलते-संभलते।
मोहब्बत की अलग ही ऊंचाई पर जाना चाहता था मैं,
न जाने कैसे गिर पड़ा, संभलते-संभलते।
और उस वक्त को भी हम क्या कह सकते हैं,
जो अचानक बदल गया,
संभलते-संभलते यही थी कहानी हमारे इश्क की शुरू में ही
हर चीज बिगड़ गई संभलते-संभलते।

41. जिया नहीं जाता

तेरी यादों को लेकर अब जिया नहीं जाता।
तेरे दर्द में ये दिल टूट गया है,
अब मुझसे सिया नहीं जाता।
दिल देने को तो हजारों लोग है,
पर तेरे धोखे के बाद,किसी का दिल लिया नहीं जाता।
मेरे मन से तेरे साथ गुजारे पल को मिटा दिया लोगों ने,
फिर दिल से यह क्यों मिटा दिया नहीं जाता।
अब जीना नहीं चाहता उसके बगैर,कोई मुझे जहर पिला
दो, उसकी बातें ऐसी थी कि ये जहर पिया नहीं जाता।

42. हर खूबसूरत चीज बेवफा होता है

वो तब भी खूबसूरत लगता है, जब मुझसे खफा होता है।

उसकी आंखें ही हर जान लेती है,

और मुंह पर उसके सफा होता है।

और एक दिन पर्दा हटाया उसने, शायद उसकी सूरत से ही

वफा होता है।

सोचा फिर फायदा क्या है उसके पीछे जाकर,

इसमें तो सिर्फ उसी का नफा होता है।

एक बात तो सच थी जब देखो उसकी सूरत,

उससे प्यार हर दफा होता है।

फिर अचानक एक बात याद आ गई,

कि हर खूबसूरत चीज बेवफा होता है।

43. MY TRUE LOVE STORY

अपने दिल की बात को कहलवा दिया दूसरे से,
शायद उसे से मेरे इश्क से इनकार था।
उसने समझाने को कहा मुझे किसी और से,
मुझे इधर उसके जवाब का इंतजार था।
फिर कुछ लोग आए और देने लगे धमकियां मुझे,
शायद मेरा गलत मोहब्बतें इज़हार था।
अपने बचाव में कहा मैंने कि मैंने कुछ नहीं कहां
वो मुझे उसके घर ले गए,शायद मामला ज्यादा बेबाक था।
अभी घर पर हैं सब वह कहकर बाहर नहीं आई,
मामले में ज्यादा टकरार था।
और उसने उनसे कहा उसे धमकायिगा नहीं सिर्फ
समझाइगा,
उसने ऐसा क्यों कहा,
उसका मुझे बचाना इत्तेफाक था या मेरा प्यार था।
अभी चलने पर यह सोचता हूं कि उसके लिए मैं नहीं,
ज्यादा उसकी सखियों के लिए बेकार था।
अब उनकी सहेलियों की वजह से भटकता फिर रहा हूं,
हमारे जीने की वजह भी दिखती नहीं,जो हो उनका दीदार
था।

44. तेरी कमी खलती है

एक बात तो सच है,
कि वह हमसे मोहब्बत करती है।
गांव की लड़की है,
इसलिए अपने घर से डरती है।
यह बात हमें तब पता चला कि,
वह हम पर मरती है।
हम उसके इश्क में,
वह हमारे इश्क में बीमार रहती है।
और इस समाज ने उसे मुझसे दूर कर दिया,
यह दुनिया ना जाने क्यों प्यार करने वालों से जलती है।
फूलों की नजाकत भी फीकी पड़ जाएगी,
जब वह मुस्कुराकर चलती है।
अब सब कुछ पाने को है जिंदगी में,
बस एक उसी की कमी खलती है।

45. आइना बिखरा पड़ा है

एक आईने को उसकी तस्वीर दिखा दी,
आज वह आईना मेरे घर में बिखरा पड़ा है।
और उससे धोखा खाकर झुलस गए हालात मेरे,
पता चला है कि वो वहां निखरा पड़ा है।
जिस वक्त को देखकर जाता था मिलने उससे,
शायद आज वह वक्त मेरा बिगड़ा पड़ा है।
कि कुछ किया ही नहीं मैंने फिर भी,अगर नोकझोंक होती,
तो मैं कहता चलो झगड़ा हुआ पड़ा है।
पर एक बात तो माननी होगी कि,
उसका छोड़ जाना देता दर्द तगड़ा बड़ा है।

46. दुआओं में तुझे मांग रहा हूं

अपनी जिंदगी से मैं ना जाने क्यों भाग रहा हूं।
तेरी यादें मेरे दिमाग से जाती नहीं,
मैं रातों को भी जाग रहा हूं।
जब भी देखता हूं आसमान में टूटते हुए तारे को,
आंखें बंद करके उन से तुझे मांग रहा हूं।
जब सोचू तेरी बातें लगती है खंजर सी,
अब उस खंजर को अपने सीने में दाग रहा हूं।
एक बार वह पूछ लेते क्या हाल है तुम्हारा,
इन्हीं बातों के लिए मैं कितना हो बेताब रहा हूं।
वह सोचती है मुझे छोड़ कर मुझ पर एहसान कर दिया है,
एक मैं हूं उसकी खुशी की दुआएं मांग कर,उसे करआबाद रहा हूं।
अपनी इस जिंदगी की पारी में मैं बाहर चला गया,
और लोग कहते हैं कि मैं नाबाद रहा हूं।

47. याद

आज महीनों बीत गए दीदार किए हुए,
शायद उसे मेरी याद भी नहीं आती।
और मिलने पर वह कुछ बोलती नहीं थी,
अब मेरी याद उसे मेरे बाद भी नहीं आती।
कहीं बैठता सफर में उसके साथ उसकी मुस्कुराहटों को
देखता रहता हरदम,
अब किसी में क्यों वह मुस्कान नहीं आती।
और झूठ कहते हैं दुनिया वाले कि मुझसे प्यार नहीं करती
है वो,
अगर ऐसा होता तो मेरे मरने के बाद कब्रिस्तान नहीं
आती।
और कुछ लोग थे हमारी मोहब्बत के पीछे वरना,
उसके अचानक बेवफा होने की नाम नहीं आती।
और शायद वह भूल गई है मुझको,
पर मैं कैसे कहूं कि मुझे याद उसकी याद नहीं आती।

48. मर्ज

ऊपरवाले ने इंसान बना कर,
कर्ज देकर चले गए।
कुछ इंसानियत और कुछ रिश्तों के,
फर्ज देकर चले गए।
सब ठीक बनाया खुदा तूने अपनी जमीन पर,
बस गलती यह हुई कि मोहब्बत में दर्द देकर चले गए।
गर्मी से न ऊबे हम इसका भी ख्याल रखा तूने,
मौसम बनाया और उसमें सर्द देकर चले गए।
जिन्हें हम जख्मों पर आराम समझते थे,
वो आज हमें दर्द देकर चले गए,
जिन्हें समझते थे हर बीमारी का वैद्य,
वो आज हमें मर्ज देकर चले गए।

49. तेरा चेहरा

तेरा मुस्कुराता चेहरा देखे बिना,
मेरा दिन अच्छा निकलता नहीं।
जब सुन ना पाऊं तेरे लबों की आवाज,
यह दिल कभी बहलता नहीं।
बार-बार गिर जाता हूं तेरे इश्क में,
एक बार देख लिया तुझे फिर क्यों मैं,संभलता नहीं।
तेरे चेहरे की रंगत अब भी वैसी है,तेरा ये मासूम चेहरा
कभी बदलता नहीं ।
तेरी चेहरे पर वह जो पलके हैं उन्हें देखने के बाद,
बैठ जाता हूं,एक जगह थोड़ी देर मैं चलता नहीं।
और अगर देखनी चेहरा तेरा पूरी शिद्दत से,
उस दिन कुछ भी खो जाए मेरा उसकी कमी खलता नहीं।
और हां मुझे इश्क सूरत और सीरत दोनों से है,
पन्नों पर लिखे लिख तो लेता हूं पर कभी लबों से बोलता
नहीं।
कहीं कहने पर कि तुमसे इश्क है,
यह चेहरा रूठ ना जाए मुझसे,
इसलिए कभी कहता नहीं।

50. मैं मर क्यों नहीं जाता

तेरी सूरत के अलावा,
मुझे कोई और चेहरा क्यों नहीं भाता।
दोबारा इश्क करने से,
मैं डर क्यों नहीं जाता।
ये जो खंजर मेरे जिस्म के ऊपरी सतह को काट रहा है,
एक बार आकर मेरे सीने में गड़ क्यों नहीं जाता।
मैं क्यों तेरी याद में बंजारों सा भटक रहा हूं,
मुझसे कोई पूछो कि मैं घर क्यों नहीं जाता।
और तेरी बातें रातों को जगा रही है मुझको,
इस से तो अच्छा है कि मैं मर क्यों नहीं जाता।
TO BE CONTINUE..........
WAIT FOR NEXT PART.